CATALOGUE

DE

DESSINS

ANCIENS ET MODERNES

ESTAMPES DU XVIIIe SIÈCLE

ET

EAUX-FORTES MODERNES

EN ÉPREUVES D'ARTISTE

ŒUVRE DE ROPS

Manuscrit de Lamennais

LIVRES ANCIENS

ET

DE LA PÉRIODE ROMANTIQUE

Dont la vente aura lieu

HOTEL DES COMMISSAIRES-PRISEURS, RUE DROUOT, N° 9

SALLE N° 4

Le Mardi 15 Décembre 1885

A DEUX HEURES

Me MAURICE DELESTRE	M. DUPONT AINÉ
COMMISSAIRE-PRISEUR	MARCHAND D'ESTAMPES
27, rue Drouot.	Rue de Seine, 24

PARIS — 1885

N° 48

CATALOGUE

DE

DESSINS

ANCIENS ET MODERNES

ESTAMPES DU XVIIIe SIÈCLE

ET

EAUX-FORTES MODERNES

EN ÉPREUVES D'ARTISTE

ŒUVRE DE ROPS

Manuscrit de Lamennais

LIVRES ANCIENS

ET

DE LA PÉRIODE ROMANTIQUE

Dont la vente aura lieu

HOTEL DES COMMISSAIRES-PRISEURS, RUE DROUOT, N° 9

SALLE N° 4

Le Mardi 15 Décembre 1885

A DEUX HEURES

Par le ministère de Me **MAURICE DELESTRE**, Commissaire-Priseur, rue Drouot, 27;

Assisté de **M. DUPONT** aîné, marchand d'Estampes rue de Seine, 21.

PARIS — 1885

CONDITIONS DE LA VENTE

Elle sera faite au comptant.

Les Acquéreurs payeront *cinq pour cent* en sus des enchères, applicables aux frais.

Pour les Dessins, nous avons suivi les attributions de l'amateur.

ORDRE DE LA VACATION

DÉSIGNATION

DESSINS

BÉRAUD (J.)

1 — Jeune Femme assise sur un canapé; frontispice de *la Vieille garde*, par Vast-Ricouard.

Beau dessin au crayon noir. Signé.

BIBIENA

2 — Le Baptême d'un prince.

Très joli dessin à la plume, lavé d'indigo.

BORDES (J.)

3 — Portrait de femme, de profil.

Joli dessin à la pierre d'Italie. Signé et daté an XIII.

BOUCHARDON

4 — Attributs d'Hercule; deux amours enlèvent sur une massue la peau du lion de Nemée.

Très beau dessin à la sanguine.

BOURGUIGNON (Le)

5 — Officier à cheval donnant un ordre.

Beau dessin à la plume, lavé de sépia. Collection Denon.

CARON (A.)

6 — Scène d'intérieur.

Jolie aquarelle. Signée et datée 1830.

CAUVET

7 — Arabesques; six sujets en hauteur sur deux feuilles.

Très jolis dessins à la mine de plomb.

CORTONE (Pietre de)

8 — Décoration d'un char avec sujet mythologique; — Un coin de baldaquin.

Deux très beaux dessins à la plume, lavés d'encre de Chine.

DEBUCOURT

9 — Les Amoureux ; sujet pour un éventail.

Joli dessin à la mine de plomb. A été gravé. Collection de La Béraudière.

DELLA-BELLA

10 — Grand Carrousel.

Très beau dessin à la plume, lavé d'aquarelle. Collection de Beurnonville.

DESRAIS

11 — Le Réfractaire découvert.

Très beau dessin au lavis d'encre de Chine. A été gravé.

12 — Le Pilori des halles.

Joli frontispice in-8, à la sépia. Signé. Encadré.

DIVERS

13 — Décoration pour un plafond.

Très jolie aquarelle.

14 — Fronton d'une fontaine.

Très joli dessin à l'encre de Chine.

15 — Scène dramatique de l'époque de la Révolution.

Jolie vignette à l'encre de Chine, in-18. Encadrée.

16 — Une Famille de satyres ; — Faunesse allaitant ses enfants.

Deux paysages à la pierre d'Italie.

DIVERS

17 — Une École de danse.

Dessin à la plume, lavé de sépia.

18 — Cavalier se promenant dans un bois; — Jeune fille dans un parc, etc.

Quatre dessins à l'aquarelle et à la pierre noire.

DUSART (C.)

19 — Patineur.

Beau dessin à l'encre de Chine. Signé et daté. Collections Goldsmith et de Beurnonville,

FISCHITTI

20 — Fragment de plafond.

Très beau dessin à la sépia et à l'encre de Chine.

FLANDRIN (attribué à)

21 — La Multiplication des pains; — La Pêche miraculeuse.

Deux grands dessins à la plume, lavés d'encre de Chine et de sépia.

FONTANIEU

22 — Vase décoratif.

Beau dessin à la sépia.

FRAGONARD (H.)

23 — Le Carnaval à Rome.

Beau dessin à la pierre noire. Collections Valferdin et de Beurnonville.

24 — Le Chariot.

Beau dessin à la sépia, provenant des mêmes collections.

GOLTZIUS (H.)

25 — Saint Marc, évangéliste.

Beau dessin à la sépia.

GOYA

26 — La *Prima Spada*. Un torero présente son chapeau à un taureau.

Beau dessin à l'encre de Chine, Collections Fr. de Madrazo et Louis Thiénon.

27 — La *Muleta*. Un torero excite le taureau avec un manteau.

Beau dessin à l'encre de Chine, provenant des mêmes collections.

GRANDVILLE (J.-J.)

28 — Au Rendez-vous des amis de la Charte.

Très beau dessin à la plume, lavé d'aquarelle. Signé.

GRAVE (Ch. de)

29 — Faunesse soignant un blessé.

Beau dessin à la sépia. Signé et daté 1609. — Donné par M. Véran, graveur, à M. Huart, peintre d'Arles.

GRAVELOT

30 — Les Aventures de Bigand.

Vignette in-12, à l'encre de Chine. Encadré. A été gravée.

GRÉVIN (A.)

31 — Voyons, Monsieur, vous ferez une bonne action... — Allons bon ! voilà encore ma chienne de montre...

Deux jolis dessins au crayon, rehaussés d'aquarelle. Signés.

HUET (J.-B.)

32 — L'Abondance.

Figure allégorique à la sanguine.

33 — Bergers, gardant leurs troupeaux.

Joli dessin à la pierre noire.

34 — Halte de Moines voyageurs; — Halte de Marchands orientaux.

Deux jolis dessins à la sépia ; en forme de frise.

LAFOSSE

35 — Deux Vases avec bas-reliefs.

Jolis dessins à l'encre de Chine.

LA JOUE

36 — Pagode indienne.

Beau dessin à l'encre de Chine. Signé. A été gravé.

37 — Cartouches de style rocaille avec sujets d'architecture.

Deux beaux dessins à l'encre de Chine.

LANCRET

38 — Études de figures de femmes.

Deux charmants dessins à la sanguine.

39 — Les Echasses.

Trois croquis à la sanguine, sur la même feuille.

LA RUE

40 — Petits sujets mythologiques pour dessus de boîtes.

Six très jolis dessins à la sépia et à l'encre de Chine

LAVALLÉE-POUSSIN

41 — Arabesques.

Trois beaux dessins à la mine de plomb.

LE CLERC (S.)

42 — Prise de Cambrai; — Prise de Doesbourg.

Deux très beaux dessins à la plume, lavés d'encre de Chine; avec encadrements de trophées, par *E. de Chastillon.*

43 — Marche d'Armée abordant une place forte.

Beau dessin à la plume, lavé d'encre de Chine.

LEHMANN (H.)

44 — Enfant accroupi; — Vieillard assis.

Deux beaux dessins au crayon noir.

45 — Études de Figures.

Huit beaux dessins au crayon noir, rehaussés de blanc et de sanguine

LIGORI (P.)

46 — Portrait d'un Cardinal.

Beau dessin à l'encre de Chine. A été gravé.

LUCAS (J.-F.)

47 — Dessins d'ornement pour la garniture de fusils de luxe.

Quinze très jolis dessins à la plume, lavés d'encre de Chine. Sur la même feuille.

Au dos, une requête adressée par le dessinateur en 1806, à Monge, président du Sénat. Visa autographe de Monge.

MARTINET

48 — La Rencontre.

Joli dessin à la mine de plomb. A été gravé.

MONNET

49 — La Leçon de flûte de Pan.

Beau dessin à la gouache.

MULLER

50 — Persée tenant la tête de Méduse.

Beau dessin à la plume, lavé d'encre de Chine, daté 1609.

NATOIRE (Ch.)

51 — Portrait d'un prince, en guerrier romain.

Croquis à la pierre noire, rehaussé de blanc.

OUDRY (J.-B.)

52 — Chasse du Cerf; frontispice.

Dessin à l'encre de Chine. A été gravé.

PALAMÈDES

53 — Bataille.

Dessin à la plume, lavé d'encre.

PHILIPPOTEAUX

54 — Le Peintre David, dans son atelier.

Joli dessin à l'aquarelle. Sous verre.

PIGAL

55 — Le Mariage; — Le Désir accompli.

Deux dessins à la mine de plomb.

PRUD'HON (P.-P.)

56 — Zéphir et Flore.

Joli dessin à la pierre noire, rehaussé de blanc. Sur papier teinté.

RAFFET

57 — L'Armée d'Égypte défilant au pied du Sphinx.

Joli dessin à la sépia. A été gravé.

RAPHAEL (École de)

58 — Le Jugement de Pâris.

Beau dessin à la plume, lavé de bistre. Collection de La Béraudière.

REMBRANDT

59 — La Nativité.

Beau dessin à la plume, rehaussé de blanc. Collection Jean Gigoux.

ROBERT-FLEURY

60 — Assassinat du duc de Guise.

Esquisse à la sépia, rehaussée de blanc. Encadré.

ROPS (F.)

61 — Étude de Femme nue.

Beau dessin au crayon noir. Signé.

62 — Études de Figures.

Dessin à l'aquarelle. Signé.

63 — Feuille de croquis.

Dessin à la plume. Signé.

64 — La Vieille flamande; — Portraits et études.

Trois dessins à la plume. Signés.

*

ROUSSEAU (Louis)

65 — Une Incroyable.

Jolie aquarelle. Signée et datée 1792.

SADELER (G.)

66 — Un Duel aux flambeaux.

Beau dessin à la plume, lavé d'encre de Chine. Collection Vallardi.

SOMM (H.)

67 — La Pêche; — Une Chinoise; — Les Microbes; — Le Perroquet; — Mort aux lapins.

Cinq jolis dessins à l'aquarelle. Signés.
Ce numéro pourra être divisé.

TRAVIÈS (C.-J.)

68 — L'Ivrogne.

Dessin à la mine de plomb. Signé et daté 1838.

VELDE (Adr. Van de)

69 — Diane découvrant la grossesse de Calisto.

Beau dessin à l'encre de Chine. Collections Ploos van Amstel et de Beurnonville.

WILLE Fils

70 — Coëfures à la mode du jour.

Très beau dessin à la plume. Signé et daté, 1773.

71 — Portrait d'un chasseur.

Dessin à la mine de plomb, rehaussé d'aquarelle. A été gravé.

WILLETTE

72 — Le Mauvais larron; frontispices.

Trois dessins à la mine de plomb,

73 — Frontispices et vignettes.

Cinq jolis dessins à la plume et à la mine de plomb.

ESTAMPES

BAUDOUIN

74 — Le Matin, par de Ghendt.

Très rare épreuve avant toutes lettres et avant les changements. Remargée.

75 — Le Soir, par le même.

Très rare épreuve avant toutes lettres et avant les changements. Marge.

BLONDEL (J.-F.)

76 — Plan et élévation du temple de l'Hymen construit sur le Pont-Neuf; — Salon de musique élevé entre le Pont-Neuf et le Pont Royal.

Trois pièces.

CHARLET

77 — La Chiffonnière.

Épreuve d'artiste retouchée à l'encre de Chine et rehaussée de blanc.

78 — On ne dit rien; — Papa dada ..; — Papa, nanan...

Quatre pièces, dont une coloriée.

DELACROIX (Eug.)

79 — Goëtz du Berlichingen.

Épreuve d'artiste, sur chine.

80 — Hamlet.

Suite de seize pièces avant la lettre, sur chine.

DORÉ (G.)

81 — La Mort de Gérard de Nerval, lithographie.

Belle épreuve d'artiste, sur chine. Rare.

FRAGONARD (d'après)

82 — L'Amour; — La Folie, par Janinet.

Deux pièces, très belles épreuves en couleur, rognées à l'ovale.

GÉRICAULT

83 — Études de chevaux.

Neuf pièces avant la lettre, copies de la suite anglaise.

PRUD'HON (d'après)

84 — Les Vendanges; — Le Triomphe de Vénus; — L'Étude guide l'essor du Génie, etc.

Cinq pièces, belles épreuves.

RAFFET

85 — Le Réveil; — Le Défilé nocturne; — Le Rêve.

Trois pièces, belles épreuves.

DIVERS

86 — Le Maréchal Moncey à la barrière de Clichy, par Bovinet; avant la lettre; — Le Sac d'une ville, d'après Robert Fleury; — Joueur de guitare, d'après Meissonier, etc., dix pièces.

EAUX-FORTES

JACQUEMART (J.)

87 — Défilé des populations Lorraines à Nancy, devant l'Impératrice Eugénie, d'après Meissonier.

Belle épreuve.

MORDANT

88 — Au Jardin, d'après Edelsfeld.

Épreuve d'artiste, sur japon. Signée.

ROPS

89 — Félicien Rops gravant.

Belle épreuve sur japon d'une planche faite en collaboration avec Fr. Taëlemans. Signée.

90 — La même estampe.

Épreuve sur papier de Hollande. Signée.

ROPS

91 — Petit Paysage brabançon.

Épreuve sur japon. Signée. Planche effacée.

92 — Le même paysage.

Épreuve sur japon, 2e état.

93 — Grand Paysage brabançon.

Épreuve d'artiste. Planche effacée.

94 — Le docteur Filleau.

Épreuve du 1er état, sur japon. Signée.

95 — Le vieux Docteur.

Épreuve sur japon. Signée.

96 — Jean Vandirendonck.

Épreuve du 1er état, avec des croquis dans la marge. Signée.

97 — Le même portrait.

Épreuve terminée, sur japon. Signée.

98 — Le Conventionnel.

Épreuve d'artiste, sur japon.

99 — Milice hanovrienne.

Épreuve du 1er état, avec des croquis dans la marge. Signée.

100 — Moujick.

Très belle épreuve sur japon. Signée.

101 — Oncle Claës et tante Johanna.

Épreuve sur japon. Signée.

102 — La Lecture du grimoire.

Épreuve d'artiste.

103 — L'Oracle du hameau.

Épreuve d'artiste. Signée.

104 — La Vieille à l'aiguille.

Épreuve d'artiste. Signée.

ROPS

105 — Vieille aux fleurs de lis.

Épreuve d'essai sur chine.

106 — Pilier d'église.

Épreuve du 1er état, sur japon. Signée.

107 — La Grève.

Épreuve du 2e état. Signée. Très rare.

108 — La même estampe.

Épreuve terminée, sur japon. Signée.

109 — Servante Anversoise.

Épreuve sur japon. Signée.

110 — La Femme à la tête de mort et la portière de Jacquemart.

Épreuve d'artiste, sur japon.

111 — Dans le Püsta ; petite planche.

Épreuve d'artiste, sur japon. Signée.

112 — La Migraine.

Épreuve du 2e état, sur japon. Signée. Planche détruite.

113 — Billet à désordre.

Épreuve d'artiste, sur japon, grand papier. Signée.

114 — La même estampe.

Épreuve sur japon.

115 — La planche de l'Avocat.

Épreuve d'artiste, sur japon.

116 — La planche au Berger russe.

2e état, tirée à six exemplaires. Signée.

117 — Olla podrida.

Épreuve d'artiste, sur japon. Rare.

118 — La planche du Tzygane.

Épreuve du 2e état. Signée.

ROPS

119 — La même estampe.

Épreuve terminée, sur japon. Signée.

120 — Ma golonelle !

Épreuve d'artiste avec des croquis dans la marge. Signée.

121 — Ma fille, M. C....!

Épreuve du 2e état, sur japon. Signée. Rare.

122 — Don Paëz.

Épreuve d'artiste. Signée. Très rare.

123 — Les deux Amies.

Épreuve d'artiste. Très rare.

124 — La Dame à la fourrure, debout.

Épreuve du 1er état, sur japon. Signée. Très rare.

125 — La même estampe

Épreuve terminée, sur japon. Très rare.

126 — La grande Femme à la fourrure.

Épreuve d'artiste, sur japon, avec des croquis dans les marges. Signée. Rare.

127 — Petite Dame à la fourrure, couchée.

Épreuve d'artiste, sur japon.

128 — La Dame au carcel.

Épreuve du 1er état, sur japon. Signée.

129 — Folies-Bergère.

Très belle épreuve sur japon. Signée.

130 — Japaniaiserie.

Très belle épreuve.

131 — La petite Liseuse.

Épreuve d'artiste. Signée.

132 — Le Miroir de coquetterie.

Épreuve d'artiste, sur japon. Signée. Très rare.

ROPS

133 — Sortie du bal.

Épreuve d'artiste, sur japon. Signée. Planche détruite.

134 — Frontispice des *Amusements des dames de Bruxelles.*

Épreuve d'artiste, sur japon.

135 — Frontispice du *Catéchisme des gens mariés.*

Épreuve du 1er état, à l'eau-forte pure, sur japon. Signée.

136 — Le même frontispice.

Épreuve terminée, sur japon.

137 — Frontispice des *Chansons de Collé.*

Épreuve d'artiste, sur japon.

138 — Frontispice de *la Chronique de la Chambre.*

Belle épreuve.

139 — Frontispice du *Diable dupé par les femmes*

Épreuve d'artiste, sur japon.

140 — Frontispice inachevé de *En prenant le Thé.*

Épreuve d'artiste, sur japon. Signée. Très rare.

141 — Frontispice de *Gaspard de la nuit.*

Épreuve d'artiste, sur chine volant.

142 — Frontispice des *Rimes de joie.*

Épreuve d'artiste, sur japon, avant que la planche ait été rognée. Très rare.

143 — La même estampe.

Deux épreuves d'artiste, dont une avec un croquis dans la marge. Signées. Très rares.

144 — Petite affiche de *Rimes de joie.*

Épreuve en couleur, sur japon.

145 — Frontispice du C. au V.

Épreuve d'artiste, sur chine, avec des croquis dans les marges. Signée. Très rare.

ROPS

146 — Frontispice au Sphinx ; in-4°.
Épreuve du 1er état, sur japon. Signée.

147 — Le même frontispice, in-8°.
Épreuve d'artiste, sur japon.

148 — Menu. La Défense du Budget.
Épreuve sur japon blanc.

149 — Menu du Docteur.
Épreuve d'artiste. Signée.

150 — Menu. Jockey victorieux.
Épreuve d'artiste. Signée.

151 — Lettrine. Le Chat de Mme C.
Épreuve d'artiste. Signée.

152 — Lettrine L. M.
Épreuve d'artiste. Signée.

153 — Lettrine de James Tobynn.
Épreuve d'artiste. Signée.

SOMM (H.)

154 — Programme d'inauguration du cirque Ménier.
Épreuve d'essai avant toutes lettres. Signée.

155 — Japonisme.
Épreuve d'artiste, sur japon. Signée.

DIVERS

156 — Eaux-fortes, par Casanova, C. de Cock, Dupray, Gonzalez, Rudaux, etc.
Onze p.; épreuves d'artiste, sur papier de Hollande.

157 — par de Neuville, J.-P. Laurens Jacquemart, Berne-Bellecour, Ribot, etc.
Treize p.; épreuves avant la lettre, sur japon.

MANUSCRIT

158 — Manuscrit original du troisième livre de l'*Essai sur l'Indifférence en matière de Religion*, par l'abbé de Lamennais, contenant cent soixante feuillets et de nombreux cartons.

Les deux premiers volumes ont été brûlés par Lamennais à l'époque où il venait de rompre avec la cour de Rome. Ce troisième volume aurait sans doute subi le même sort si un de ses élèves, M. Jean-Marie Martin, n'avait été assez heureux pour obtenir de lui ce dernier volume et le sauver ainsi de la destruction.

LIVRES

159 — Livre de psaumes. Manuscrit du seizième siècle, sur parchemin, avec nombreuses lettres en miniature et reliure ancienne.

160 — Il Decamerone di M. Giovanni Boccaccio, nuovamente Corretto et con diligentia Stampato. 1527. 1 vol. in-4. rel. v. Réimpression du dix-huitième siècle.

161 — Imperatorum romanorum numismata aurea. Anvers, 1627. 1 vol. in-4 rel. v. fig.

162 — Les actions héroïques et plaisantes de l'empereur Charles V. A Cologne, chez Pierre du Marteau, 1683. 1 vol. in-16, demi-rel. v. tête dorée, fig. (Niédrée).

163 — Heures nouvelles dédiées à Madame la Dauphine. A Paris chez la veuve Gourault et Fr. Nivelle, 1686. 1 vol. in-4. rel. chag. fig.

164 — Œuvres de Regnard. — La sérénade, manque le titre. — Le Bourgeois de Falaise, édition originale 1694, avec la musique. — Le Joueur, deuxième édition, manque le titre et le dernier feuillet. — Le Distrait, édition originale, 1698. — Démocrite, édition originale, 1700. — Le Retour imprévu, éd. originale, 1700. Six pièces en un vol. in-12, rel. v. fatiguée.

165 — Contes et nouvelles en vers, par de La Fontaine. Amsterdam, 1745. 2 vol. in-18, maroq. poli jans. tr. dor. (Gruel).

166 — Sermons et Facéties. Amboise, 1751. 1 vol. in-12, demi-rel. v. tête dorée, non rog., front. d'Eisen.

167 — La Colombiade, poëme par Madame du Boccage. Paris chez Desaint et Saillant, 1756. 1 vol. in-8. demi-rel.

168 — Les Saisons, poëme traduit de l'anglais, par Thompson. Paris Chaubert, 1759. 1 vol. in-12, rel. v. fig.

169 — Lettres de deux Amants, par J.-J. Rousseau. Amsterdam 1761. 6 vol. in-12 rel. v., fig. de Marillier.

170 — Les dévirgineurs et Combalus, contes en vers. A Amsterdam, 1765. 1 vol. in-8 rel. maroq. fig.

171 — La chronique scandaleuse (par Guill. Imbert) à Paris, 1783. 1 vol. in-8 cart, non rog.

172 — Une année de la vie du chevalier de Faublas, à Londres et à Paris. 1787. 5 parties en 2 vol. in-12 br.

173 — Dictionnaire d'amour, par le berger Sylvain. Étrennes pour l'année 1789. 2 parties en un vol. in-8 rel. v. tr. dorée, front.

174 — Le Compère Matthieu ou les bigarrures de l'esprit humain. Impr. de Patris, 1796. 3 vol. in-8 rel. v. tr. dor. fig.

175 — Les métamorphoses d'Ovide, traduction nouvelle par Villenave, ornée de gravures de Le Barbier, Monsiau et Moreau. Paris, Gay, 1806. 4 vol. in-4. demi-rel. maroq. poli dos et c. tête dorée, non rogné.

176 — La Henriade, poëme par Voltaire. Paris, De Bure. 1822. 1 vol in-32 rel. v. à compart. tr. dor., fig. avant la lettre (Thouvenin).

177 — Méditations poétiques de Lamartine, Paris, Gosselin, 1833. 2 vol. in-32 rel. v. tr. dor. fig.

178 — Histoire et chronique du petit Jéhan de Saintré et de la jeune Dame des Belles cousines. Paris, Firmin-Didot, 1830. 1 vol. in-8, goth. demi-rel. maroq. poli, dos et c. non rogné.

179 — Œuvres de Balzac. — Le Vicaire des Ardennes. Paris, Souverain, 1836. 2 vol. — L'Excommunié, 1837, 2 vol. — Argow le pirate, 1837, 2 vol. — Un jeune homme de province à Paris, 1839. 2 vol. — Béatrix ou les amours forcés, 1840. 2 vol. — Dom Gigadas, 1840. 2 vol. Ensemble 12 vol. in-8 cart. non rogn.

180 — Scènes de la vie privée par M. de Balzac. Paris Mme Charles Béchet 1835. 4 vol in-8 brochés, lavés et encollés pour la relîure.

181 — Physiologie du mariage. Paris, Levavasseur, 1830, 2 vol. — La Femme supérieure. Paris Werdet, 1838, 2 vol. Ensemble 4 vol. in-8 demi-rel. v.

182 — Les ressources de Quinola, par H. de Balzac. Paris, Souverain. 1 vol. in-8 br.

183 — Les quatre Talismans, suivi de la légende de sœur Béatrix, par Charles Nodier. Paris, Dumont, 1838. 1 vol. in-8 cart. non rogné.

184 — Il Pianto, poëme par Auguste Barbier, 3e édition. Paris, 1833. 1 vol in-8 demi-rel. dos et coins maroq. poli non rog. (Avec trois lettres autographes adressées à Ch. Monselet.)

185 — Le même ouvrage. 1 vol. in-8 demi rel. Avec envoi autographe.

186 — Chants civils et religieux, par Auguste Barbier. Paris, Masgana, 1841. 1 vol in-8, demi-rel. maroq. poli dos et c. non rogné (avec une lettre autographe).

187 — Paroles d'un croyant, par F. de Lamennais, 2e édition Paris. Renduel, 1834. A la suite : Réponse d'un chrétien aux paroles d'un croyant, par M. l'abbé Bautain, 1834 ; Paroles d'une croyante, par Mlle Aimable Le Bot. 1834 ; Paroles d'un voyant, par Aug. Chaho. 1834. Le tout broché en 1 vol. in-8.

188 — La popularité, comédie en cinq actes par Casimir Delavigne, 3e édition. Paris, Delloye, 1839. 1 vol. in-8, cart. non rogn.

189 — Contes de Boccace, traduction nouvelle, par Ed. Rastoin-Brémond. Paris, Camuzeaux, 1835. 2 vol. in-8 brochés, lavés et encollés, fig. de Rozier.

190 — Après vêpres, par l'abbé Froulay. Paris Le Vavasseur, 1837. 1 vol. in-8 demi-rel. maroq. poli. dos et c. non rog. Très rare.

191 — Volupté. Paris. Eugène Renduel, 1824. 2 vol. in-8 cart. toile, non rog.

192 — Les écorcheurs, publié par Eugène Renduel 1833. 2 vol. in-8 demi-rel.

193 — Fernand, par Jules Sandeau, Paris, Desessart, 1844. 1 vol. in-8. br.

194 — La Robe de Déjanire, par Félix Tournachon. Paris, Recoules, 1845. 3 vol. in-8 cart. non rog.

195 — Contes rémois (par le comte de Chevigné). Paris. Firmin-Didot, 1839. 1 vol in-12 rel. maroq. poli tête dor. non rog. Édit. orig.

196 — Les contes drolatiques par de Balzac. 5e édition, avec figures de G. Doré. Paris, 1855. 1 vol. in-8 demi-rel. mar. tête dor. non rog.

197 — Histoire anecdotique des Barrières de Paris, par Alfred Delvau, avec 10 eaux-fortes par Em. Thérond. Paris, Dentu, 1865. 1 vol. in-12 cart. non rog.

198 — Les Heures parisiennes, par Alfred Delvau, avec 25 eaux-fortes d'Emile Bénassit. 1 vol. in-12 cart. toile, non rog.

199 — L'Hôtel des Haricots, par Albert de Lasalle. Paris, Dentu, 1 vol. in-12 demi-rel. maroq. poli dos et c. non rog. fig.

200 — Le premier texte de La Bruyère. Paris, D. Jouaust, 1868, 1 vol. in-12 demi-rel. maroq. poli, non rogn.

201 — *Autographes* de Chansonniers, Poètes, Littérateurs, etc. Environ 20 p.

202 — de Députés, hommes d'Etat, Religieux, etc. Environ 50 p.

203 — Sous ce numéro seront vendus environ cinquante volumes : Romans, poésies, ouvrages sur les Courses, etc.

Typographie Pillet et Dumoulin, rue des Grands-Augustins, 5, à Paris.

www.ingramcontent.com/pod-product-compliance
Ingram Content Group UK Ltd.
Pitfield, Milton Keynes, MK11 3LW, UK
UKHW020538180726
13839UKWH00006B/2588